Glamour
Mug Cakes

ANTJE KÜTHE

Glamour Mug Cakes

Kreative Tassenkuchen mit Wow-Effekt

Jan Thorbecke Verlag

VERLAGSGRUPPE PATMOS

PATMOS
ESCHBACH
GRÜNEWALD
THORBECKE
SCHWABEN

Die Verlagsgruppe
mit Sinn für das Leben

FSC
www.fsc.org

MIX
Papier aus verantwor-
tungsvollen Quellen
FSC® C028513

Bildnachweis

Sämtliche Fotos stammen vom Studio Seiffe, Hamburg. Der Jan Thorbecke Verlag dankt für die freundliche Genehmigung zum Abdruck und die angenehme Zusammenarbeit, insbesondere dem Fotografen Arvid Knoll.

Die Autorin

Antje Küthe begann ihre Karriere 1978 in der Versuchsküche bei ESSEN & TRINKEN. Danach machte sie sich als Foodstylistin selbstständig – mit Schwerpunkt Werbung und PR. Sie arbeitete außerdem jahrelang als Redakteurin und Ressortleitung für diverse Zeitschriften und Verlage. Auf ihren vielen Reisen sammelt sie Ideen und Anregungen für neue Kochbücher, für die sie leidenschaftlich gerne Rezepte entwickelt.

Für die Schwabenverlag AG ist Nachhaltigkeit ein wichtiger Maßstab ihres Handelns. Wir achten daher auf den Einsatz umweltschonender Ressourcen und Materialien.

Gestaltung, Satz und Repro: Schwabenverlag AG, Ostfildern
Druck: Neue Süddeutsche Verlagsdruckerei, Ulm
Hergestellt in Deutschland
ISBN 978-3-7995-1034-9 (Print)
ISBN 978-3-7995-1048-6 (eBook)

Inhalt

Köstliche kleine Kuchen – superschnell gemacht

Plötzlich ist er da, der spontane Kuchenhunger, oder die Freundin kommt unerwartet zu Besuch … Kein Problem, denn Mug Cakes, die schnellen Tassenkuchen aus der Mikrowelle, liegen voll im Trend! Jetzt gibt es die kleinen blitzschnellen Minuten-Kuchen mit besonderem Dreh: Fantasievolle Toppings und besondere Zutaten zaubern uns und unseren Gästen ein Lächeln ins Gesicht. So werden die Mug Cakes in wenigen Minuten zu einem tollen Geburtstagskuchen, zu spontanen Leckereien, wenn Freundinnen kommen, oder zu hübschen selbst gemachten Geschenken.

Mug Cakes sind kinderleicht zu Backen: Einfach die Zutaten verrühren, in die Becher geben, kurz in die Mikrowelle, nach Wunsch dekorieren – fertig! Die Rezepte sind immer für zwei große Becher, die auch gleichzeitig in die Mikrowelle wandern können – so kann man blitzschnell zu zweit genießen.

Bitte immer Geschirr verwenden, das für die Mikrowelle geeignet ist. Quillt der Kuchenteig weit über den Tassenrand, dann ist der Becher zu klein oder es ist zu viel Butter im Teig. Dann einfach die Zutatenmengen anpassen und noch einmal probieren. Am besten schmecken die Mug Cakes nach einer kurzen Ruhezeit warm oder lauwarm direkt aus dem Becher.

Viel Spaß beim Loslöffeln!

Schokomüsli-Mug-Cakes

Zutaten für 2 Personen

80 g Schoko-Knuspermüsli mit Schokolade und Haselnüssen
30 g Käsekuchenhilfe
1 gestrichener TL Backpulver
200 g Magerquark
2 Eier (M)
60 g Zucker
4 EL Milch
1 TL abgeriebene Bio-Orangenschale
Butter für die Becher

Außerdem

2 TL Aprikosenmarmelade
50 g Frischkäse, 17% Fett
einige Beeren zum Garnieren
1 TL Schoko-Knuspermüsli

Zubereitung

1. Das Schoko-Müsli im elektrischen Zerkleinerer fein mahlen und mit der Käsekuchenhilfe und dem Backpulver mischen.

2. Den Magerquark mit den Eiern, dem Zucker, der Milch und der Orangenschale verrühren. Die Müsli-Mischung untermengen.

3. Die Becher mit der Butter auspinseln. Den Teig einfüllen und in der Mikrowelle bei 900 Watt 5 Minuten zubereiten.

4. Die etwas abgekühlten Mug Cakes mit der Aprikosenmarmelade bepinseln. Den Frischkäse geschmeidig rühren und einen Klecks auf die Mug Cakes geben. Mit Beeren garnieren und mit Knuspermüsli bestreuen. Frisch verzehren.

Fürst-Pückler-Mug-Cakes

Zutaten für 2 Personen

30 g Butter
50 g Mehl
1 gestrichener TL Backpulver
2 Eier (M)
80 g Zucker
1 Päckchen Bourbon-Vanillezucker
50 g Crème fraîche
1 EL (10 g) Kakao zum Backen
2 EL Milch
20 g Schokoladenraspel
Butter für die Becher

Außerdem

2 Erdbeeren
Puderzucker zum Bestäuben

Zubereitung

1. Die Butter in der Mikrowelle bei 900 Watt 15 Sekunden schmelzen.

2. Das Mehl mit dem Backpulver mischen. Die Eier mit dem Zucker, dem Vanillezucker und der Crème fraîche schaumig schlagen. Das Mehl-Gemisch und die Butter unterrühren. Den Teig in zwei Portionen teilen. Unter eine Portion Kakao, Milch und Schokoladenraspel rühren.

3. Die Becher mit Butter auspinseln. Den hellen Teig auf zwei Becher verteilen. In der Mikrowelle bei 900 Watt 2 Minuten zubereiten. Den dunklen Teig daraufgeben und den Becher weitere 2 Minuten bei 900 Watt in die Mikrowelle stellen.

4. Die Erdbeeren abbrausen und putzen. Je eine Erdbeere auf die Mug Cakes setzen und mit Puderzucker bestäuben. Frisch verzehren.

Red-Velvet-Mug-Cakes

Zutaten für 2 Personen

30 g Butter
25 g Mehl
1 gehäufter TL Backpulver
40 g gemahlene Mandeln
2 TL Kakao zum Backen (8 g)
2 Eier (M)
65 g Zucker
1 Päckchen Vanillezucker
6 EL Rote-Bete-Saft (Fertigprodukt)
2 TL Balsamicoessig
Butter für die Becher

Außerdem

25 g Zartbitter-Kuvertüre
50 g Frischkäse, 17 % Fett
1 TL Bourbon-Vanillezucker
1 Prise Kardamom

Zubereitung

1. Die Butter in der Mikrowelle bei 900 Watt 15 Sekunden schmelzen.

2. Das Mehl mit dem Backpulver, den Mandeln und dem Kakao mischen. Die Eier mit dem Zucker und dem Vanillezucker schaumig schlagen. Das Mehl-Gemisch, den Rote-Bete-Saft und den Essig unterrühren. Die geschmolzene Butter unterziehen.

3. Die Becher mit Butter auspinseln. Den Teig einfüllen und in der Mikrowelle bei 900 Watt 4 Minuten zubereiten.

4. Die Zartbitter-Kuvertüre in kleine Stücke schneiden und in eine Schüssel geben. In der Mikrowelle bei 500 Watt etwa 15 Sekunden schmelzen und umrühren. Den Frischkäse mit dem Vanillezucker und dem Kardamom verrühren. In einen Spritzbeutel mit Zacken-tülle füllen. Einen Tupfen Frischkäse auf die Mug Cakes spritzen und mit Schokolade beträufeln. Frisch verzehren.

Tonka-Mug-Cakes Black & White

Zutaten für 2 Personen

40 g Butter
30 g Mehl
25 g Hartweizengrieß
1 gestrichener TL Backpulver
2 Eier (M)
70 g Zucker
50 g Vanillepudding (Fertigprodukt)
1 Messerspitze Vanille-Extrakt
6 EL Milch
6 Oreo-Kekse
Butter für die Becher

Außerdem

80 ml Schlagsahne
½ geriebene Tonkabohne
1 Oreo-Keks

Zubereitung

1. Die Butter in der Mikrowelle bei 900 Watt 15 Sekunden schmelzen.

2. Das Mehl mit dem Hartweizengrieß und dem Backpulver mischen. Die Eier mit dem Zucker, dem Vanillepudding, dem Vanille-Extrakt und der Milch schaumig rühren. Das Mehl-Gemisch und die geschmolzene Butter unterziehen.

3. Die Becher mit Butter auspinseln. Den Teig einfüllen und in jeden Becher 3 Oreo-Kekse geben. In der Mikrowelle bei 900 Watt 4 Minuten zubereiten. Etwas abkühlen lassen.

4. Die Schlagsahne steif schlagen und die geriebene Tonkabohne unterrühren. Auf jeden Mug Cake einen Klecks Tonka-Sahne geben. Den Oreo-Keks halbieren und daraufsetzen. Frisch verzehren.

Johannisbeer-Mug-Cakes

Zutaten für 2 Personen

30 g Butter
25 g Mehl
1 TL Backpulver
60 g gemahlene Mandeln
2 Eier (M)
60 g Zucker
1 Päckchen Vanillezucker
5 EL Mandeldrink
1 TL abgeriebene Bio-Zitronenschale
Butter für die Becher

Außerdem

80 g rote Johannisbeeren
80 ml Schlagsahne
15 g Baiser (fertig gekauft)

Zubereitung:

1. Die Butter in der Mikrowelle bei 900 Watt 15 Sekunden schmelzen.

2. Das Mehl mit dem Backpulver und den Mandeln mischen. Die Eier mit dem Zucker, dem Vanillezucker, dem Mandeldrink und der Zitronenschale schaumig rühren. Das Mehl-Gemisch und die geschmolzene Butter unterrühren.

3. Die Becher mit Butter auspinseln. Den Teig einfüllen. In der Mikrowelle bei 900 Watt 4 Minuten zubereiten. Etwas abkühlen lassen.

4. Die Johannisbeeren abbrausen, trockentupfen und die Beeren mit einer Gabel von den Rispen streifen. Die Schlagsahne steif schlagen. Das Baiser zerkrümeln. Die Johannisbeeren und das Baiser unter die Sahne heben. Auf den Mug Cakes verteilen. Frisch verzehren.

Mug Cakes „Hot Lumumba"

Zutaten für 2 Personen

40 g Butter
4 EL Rum
40 g getrocknete Cranberrys
50 g Mehl
1 gestrichener TL Backpulver
1 EL (15 g) Kakao zum Backen
1 Messerspitze geschroteter Chili
2 Eier (M)
80 g Zucker
1 Päckchen Vanillezucker
1 TL abgeriebene Bio-Orangenschale
5 EL Kakaogetränk (Fertigprodukt)
Butter für die Becher

Außerdem

80 ml Schlagsahne
2 TL Schokoladensplitter
nach Belieben geschroteter Chili
zum Bestreuen

Zubereitung

1. Die Butter in der Mikrowelle bei 900 Watt 15 Sekunden schmelzen.

2. Den Rum in der Mikrowelle 15 Sekunden erhitzen, dann mit den Cranberrys mischen. 5 Minuten durchziehen lassen.

3. Das Mehl mit dem Backpulver, dem Kakao und dem Chili vermischen. Die Eier mit dem Zucker, dem Vanillezucker, der Orangenschale und dem Kakaogetränk schaumg rühren. Das Mehl-Gemisch und die geschmolzene Butter unterrühren. Die Cranberrys mit Rum unterziehen.

4. Die Becher mit Butter auspinseln. Den Teig einfüllen. In der Mikrowelle bei 900 Watt 4 Minuten zubereiten. Etwas abkühlen lassen.

5. Die Schlagsahne steif schlagen. Die Sahne auf den Mug Cakes verteilen und mit Schokoladensplittern bestreuen. Nach Belieben mit einem Hauch geschrotetem Chili bestreuen. Frisch verzehren.

Mug Cakes mit Ziegenkäse und Walnüssen

Zutaten für 2 Personen

40 g Walnüsse
30 g Mehl
1 gestrichener TL Backpulver
2 Eier (M)
50 g flüssiger Honig
80 g Ziegenfrischkäse
4 EL Milch
4 EL Olivenöl
1 TL abgeriebene Bio-Zitronenschale
1 Prise Salz
1 TL fein gehackter Rosmarin
Olivenöl für die Becher

Außerdem

1 Feige
2 TL Ziegenfrischkäse
1 TL gehackte Walnüsse
2 Zweige Rosmarin (mit Puderzucker bestäubt)

Zubereitung

1. Die Walnüsse in einem elektrischen Zerkleinerer fein mahlen.

2. Das Mehl mit dem Backpulver und den Walnüssen mischen. Die Eier mit dem Honig, dem Ziegenfrischkäse, der Milch, dem Olivenöl, der Zitronenschale und dem Salz schaumig schlagen. Das Walnuss-Gemisch und den Rosmarin unterrühren.

3. Die Becher mit Olivenöl auspinseln. Den Teig einfüllen. In der Mikrowelle bei 900 Watt 4 Minuten zubereiten.

4. Die Feige abspülen und halbieren. Den Ziegenfrischkäse auf die Mug Cakes geben und mit der Feigenhälfte, den gehackten Walnüssen und dem Rosmarin garnieren. Frisch verzehren.

Mug Cakes Marone-Apfel

Zutaten für 2 Personen

40 g Butter
1 kleiner Apfel
etwas Zitronensaft
25 g Mehl
40 g gemahlene Mandeln
1 gehäufter TL Backpulver
2 Eier (M)
40 g Zucker
60 g Maronencreme
1 TL abgeriebene Bio-Orangenschale
Butter für die Becher

Außerdem

2 TL Mandelblättchen
60 ml Schlagsahne
1 EL Maronencreme

Zubereitung

1. Die Butter in der Mikrowelle bei 900 Watt 15 Sekunden schmelzen. Den Apfel abspülen und vierteln. 2 Spalten zum Garnieren abschneiden. Mit Zitronensaft beträufeln und beiseite legen. Den übrigen Apfel schälen, entkernen und sehr klein würfeln.

2. Das Mehl mit den Mandeln und dem Backpulver mischen. Die Eier mit dem Zucker, der Maronencreme und der Orangenschale schaumig schlagen. Das Mehl-Gemisch und die geschmolzene Butter unterrühren. Die Apfelwürfel untermischen.

3. Die Becher mit Butter auspinseln. Den Teig einfüllen und in der Mikrowelle bei 900 Watt 4 Minuten zubereiten.

4. Die Mandelblättchen in einer kleinen Pfanne goldbraun rösten. Die Schlagsahne steif schlagen, die Maronencreme unterziehen. Einen Klecks Maronen-Sahne auf die Mug Cakes geben und mit Mandeln bestreuen. Mit einer Apfelspalte garnieren. Frisch verzehren.

Mug Cakes Matcha-Wasabi

Zutaten für 2 Personen

50 g Kokosöl
2 TL Matcha-Teepulver (grünes Teepulver)
6 EL heißes Wasser
40 g Mehl
20 g Speisestärke
1 gehäufter TL Backpulver
2 Eier (M)
60 g Agavendicksaft
50 g Joghurt, 1,5 % Fett
1 TL abgeriebene Bio-Limettenschale
25 g Wasabi-Erbsen
Butter für die Becher

Außerdem

25 g Puderzucker
½ TL Matcha-Teepulver
3 TL Limettensaft
einige Wasabi-Erbsen
nach Belieben Puderzucker
zum Bestäuben

Zubereitung

1. Das Kokosöl, falls nötig, in der Mikrowelle bei 500 Watt 10 Sekunden schmelzen.

2. Das Matcha-Teepulver und das Wasser verrühren. Das Mehl mit der Speisestärke und dem Backpulver mischen. Die Eier mit dem Agaven- dicksaft, dem Joghurt und der Limettenschale schaumig schlagen. Das angerührte Teepulver unterrühren. Das Mehl-Gemisch und das Kokosöl untermengen. Die Wasabi-Erbsen grob hacken und unter- mischen.

3. Die Becher mit Butter auspinseln. Dem Teig einfüllen und in der Mikrowelle bei 900 Watt 4 Minuten zubereiten.

4. Den Puderzucker mit dem Matcha-Teepulver und dem Limettensaft verrühren. Die Mug Cakes damit bepinseln und mit Wasabi-Erbsen garnieren. Nach Belieben mit Puderzucker bestäuben. Frisch verzeh- ren.

Süße Pause für Naschkatzen

Mug Cakes Caramel-Coffee

Zutaten für 2 Personen

40 g Butter
40 g Mehl
25 g feine Haferflocken
1 gestrichener TL Backpulver
2 Eier (M)
40 g Zucker
1 Prise Pimentpulver
50 g Karamell-Aufstrich
4 EL Kaffeelikör
Butter für die Becher

Außerdem

80 ml Schlagsahne
1–2 TL Espressopulver
2 EL Karamell-Aufstrich
1 EL fein gehackte Kaffeebohnen

Zubereitung

1. Die Butter in der Mikrowelle bei 900 Watt 15 Sekunden schmelzen.

2. Das Mehl mit den Haferflocken und dem Backpulver mischen. Die Eier mit dem Zucker, dem Pimentpulver, dem Karamell-Aufstrich und dem Kaffeelikör schaumig schlagen. Das Mehl-Gemisch und die geschmolzene Butter unterziehen.

3. Die Becher mit Butter auspinseln. Den Teig einfüllen und in der Mikrowelle bei 900 Watt 4 Minuten zubereiten. Etwas abkühlen lassen.

4. Die Schlagsahne steif schlagen. Das Espressopulver unterrühren. Auf jeden Mug Cake einen Klecks Espresso-Sahne setzen, dabei eine kleine Mulde eindrücken. Den Karamell-Aufstrich darüberträufeln und mit fein gehackten Kaffeebohnen bestreuen. Frisch verzehren.

Mug Cakes „Piña Colada"

Zutaten für 2 Personen

50 g Butter
40 g Mehl
1 gestrichener TL Backpulver
40 g Kokosraspel
2 Eier (M)
50 g Zucker
1 TL abgeriebene Bio-Zitronenschale
6 EL Kokosdrink
50 g gezuckerte Ananasstücke
2 Raffaelo
Butter für die Becher

Außerdem

1 EL Kokosraspel
4 gezuckerte Ananasstücke
80 ml Schlagsahne
2 TL Kokossirup
einige Kokosspäne

Zubereitung

1. Die Butter in der Mikrowelle bei 900 Watt 15 Sekunden schmelzen.

2. Das Mehl mit dem Backpulver und den Kokosraspeln mischen. Die Eier mit dem Zucker, der Zitronenschale und dem Kokosdrink schaumig schlagen. Das Mehl-Gemisch und die geschmolzene Butter unterrühren. Die Ananas in sehr kleine Stücke schneiden und unterziehen.

3. Den Becher mit Butter auspinseln. Den Teig einfüllen und je ein Raffaelo hineingeben. In der Mikrowelle bei 900 Watt 4 Minuten zubereiten. Etwas abkühlen lassen.

4. Die Kokosraspel in einer kleinen Pfanne rösten. Abkühlen lassen. Die Ananasstücke längs halbieren und auf kleine Holzspieße stecken. Die Sahne steif schlagen, den Kokossirup unterrühren. Auf die Mug Cakes einen Klecks Kokos-Sahne geben und mit gerösteten Kokosraspeln und -spänen bestreuen. Die Ananasspießchen hineinstecken. Frisch verzehren.

Mug Cakes „Peanut Butter Crunch"

Zutaten für 2 Personen

2 EL Zucker
50 g gesalzene, geröstete Erdnüsse
40 g Erdnussbutter
50 g Mehl
1 gestrichener TL Backpulver
2 Eier (M)
60 g Zucker
1 Päckchen Vanillezucker
80 g Joghurt, 1,5 % Fett
2 EL Milch
Butter für die Becher

Außerdem

2 TL Orangenmarmelade

Zubereitung

1. Den Zucker in einer Pfanne goldgelb karamellisieren lassen. Die Erdnüsse grob hacken und in die Pfanne geben. Unter Rühren karamellisieren lassen. Auf ein Stück Backpapier geben.

2. Die Erdnussbutter in der Mikrowelle bei 900 Watt 10 Sekunden erwärmen.

3. Das Mehl mit dem Backpulver mischen. Die Eier mit dem Zucker und dem Vanillezucker schaumig schlagen. Den Joghurt, die Milch und die Erdnussbutter unterrühren. Das Mehl-Gemisch untermengen. Ein Drittel des Erdnuss-Krokants fein hacken und unterziehen.

4. Die Becher mit Butter auspinseln. Den Teig einfüllen. In der Mikrowelle bei 900 Watt 4 Minuten zubereiten.

5. Die Mug Cakes mit Orangenmarmelade bepinseln. Das restliche Erdnuss-Krokant grob zerteilen und die Mug Cakes damit garnieren. Frisch verzehren.

Mug Cakes „My Valentine"

Zutaten für 2 Personen

30 g Butter
50 g Mehl
1 EL (10 g) Kakao zum Backen
1 gehäufter TL Backpulver
2 Eier (M)
75 g Zucker
1 Päckchen Vanillezucker
50 g Mandelmus
4 EL Milch
1 TL abgeriebene Bio-Orangenschale
2 Mon Chéri
Butter für die Becher

Außerdem

Puderzucker zum Bestäuben
Zuckerherzen

Zubereitung

1. Die Butter in der Mikrowelle bei 900 Watt 15 Sekunden schmelzen.

2. Das Mehl mit dem Kakao und dem Backpulver mischen. Die Eier mit dem Zucker, dem Vanillezucker und dem Mandelmus schaumig rühren. Die Milch und die Orangenschale untermischen. Das Mehl-Gemisch und die Butter untermengen.

3. Die Becher mit Butter auspinseln. Den Teig einfüllen. Die Mon Chéri hineingeben. In der Mikrowelle bei 900 Watt 4 Minuten zubereiten.

4. Die Mug Cakes mit Puderzucker bestäuben und mit Zuckerherzen bestreuen. Frisch verzehren.

Rübli-Mug-Cakes

Zutaten für 2 Personen

30 g fein geriebene Möhre
40 g Butter
30 g Mehl
40 g gemahlene Mandeln
1 gehäufter TL Backpulver
2 Eier (M)
60 g Zucker
1 Päckchen Vanillezucker
3 EL Eierlikör
3 EL Milch
Butter für die Becher

Außerdem

2 TL Aprikosenmarmelade
1 TL heißes Wasser
60 ml Schlagsahne
2 TL Eierlikör
2 Zuckereier
1 TL gehackte Pistazien

Zubereitung

1. Die Möhren in der Mikrowelle bei 900 Watt 1 Minute garen. Die Butter bei gleicher Wattzahl 15 Sekunden schmelzen.

2. Das Mehl mit den Mandeln und dem Backpulver mischen. Die Eier mit dem Zucker und dem Vanillezucker schaumig schlagen. Den Eierlikör und die Milch unterrühren. Das Mehl-Gemisch, die geschmolzene Butter und die Möhren untermengen.

3. Die Becher mit Butter auspinseln. Den Teig einfüllen. In der Mikrowelle bei 900 Watt 5 Minuten zubereiten.

4. Die Aprikosenmarmelade mit dem Wasser verrühren. Die Mug Cakes damit bepinseln. Etwas abkühlen lassen.

5. Die Schlagsahne steif schlagen und in einen Spritzbeutel mit großer Zackentülle füllen. Einen Tupfen auf die Mug Cakes spritzen. Mit dem Eierlikör beträufeln und mit den Zuckereiern und Pistazien bestreut garnieren. Frisch verzehren.

Birthday Mug Cakes
mit Profiteroles

Zutaten für 2 Personen

40 g Butter
60 g Mehl
1 gestrichener TL Backpulver
2 Eier (M)
70 g Zucker
6 EL Mandeldrink
1 Messerspitze Vanille-Extrakt
1 TL abgeriebene Bio-Zitronenschale
Butter für die Becher

Außerdem

25 g Zartbitterkuvertüre
2 EL Schlagsahne
2 TK-Mini-Windbeutel
Zuckerschmetterlinge

Zubereitung

1. Die Butter in der Mikrowelle bei 900 Watt 15 Sekunden schmelzen.

2. Das Mehl mit dem Backpulver mischen. Die Eier mit dem Zucker schaumig schlagen. Den Mandeldrink, den Vanille-Extrakt und die Zitronenschale unterrühren. Das Mehl-Gemisch und die geschmolzene Butter untermengen.

3. Die Becher mit Butter auspinseln. Den Teig einfüllen. In der Mikrowelle bei 900 Watt 4 Minuten zubereiten.

4. Die Zartbitterkuvertüre klein hacken und mit der Schlagsahne in eine Schüssel geben. In der Mikrowelle bei 900 Watt 25 Sekunden erhitzen. Einmal durchrühren.

5. Die Mug Cakes mit der Schokosahne beträufeln. Die Mini-Windbeutel daraufsetzen und diese ebenfalls mit Schokosahne beträufeln. Mit Zuckerschmetterlingen bestreuen. Frisch verzehren.

Lemon Mug Cakes

Zutaten für 2 Personen

50 g weiße Kuvertüre
30 g Butter
30 g Mehl
1 gehäufter TL Backpulver
45 g gemahlene Mandeln
2 Eier (M)
50 g Zucker
35 g Lemon Curd
3 EL Limoncello
2 EL Milch
1 TL abgeriebene Bio-Limettenschale
Butter für die Becher

Außerdem

35 g Fondant (weiß und gelb)
Geburtstagskerzen

Zubereitung

1. Die Kuvertüre in kleine Stücke schneiden, zusammen mit der Butter in der Mikrowelle bei 900 Watt 30 Sekunden schmelzen. Gut durchrühren.

2. Das Mehl mit dem Backpulver und den Mandeln mischen. Die Eier mit dem Zucker und dem Lemon Curd schaumig schlagen. Die Kuvertüre-Butter-Mischung, den Limoncello, die Milch und die Limettenschale unterrühren. Das Mehl-Gemisch untermengen.

3. Die Becher mit Butter auspinseln. Den Teig einfüllen und in der Mikrowelle bei 900 Watt 4 Minuten zubereiten.

4. Den Fondant zwischen Gefrierbeuteln dünn ausrollen. Kreise mit Wellenrand ausstechen und die Cup Cakes damit garnieren. Geburtstagskerzen hineinstecken. Frisch verzehren.

Aprikosen-Popcorn-Mug-Cakes

Zutaten für 2 Personen

50 g Soft-Aprikosen
100 ml Mandeldrink
40 g Mehl
25 g gemahlene Mandeln
1 gehäufter TL Backpulver
2 Eier (M)
50 g Zucker
1 TL abgeriebene Schale von 1 Bio-
Zitrone
20 g Karamell-Popcorn
Butter für die Becher

Außerdem

30 g Puderzucker
4 TL Zitronensaft
Karamell-Popcorn

Zubereitung

1. Die Aprikosen klein schneiden. Zusammen mit dem Mandeldrink in einem elektrischen Zerkleinerer pürieren.

2. Das Mehl mit den Mandeln und dem Backpulver mischen. Die Eier mit dem Zucker und der Zitronenschale schaumig schlagen. Die Aprikosen-Mandel-Mischung und das Mehl-Gemisch unterrühren. Das Popcorn hacken und untermengen.

3. Die Becher mit Butter auspinseln. Den Teig einfüllen. In der Mikrowelle bei 900 Watt 4 Minuten zubereiten.

4. Den Puderzucker mit dem Zitronensaft zu einem Guss verrühren. Die Mug Cakes damit bepinseln und das Popcorn daraufgeben. Frisch verzehren.

New York Cheesecake Mugs

Zutaten für 2 Personen

20 g Mehl
30 g Käsekuchenhilfe
1 gestrichener TL Backpulver
2 Eier (M)
60 g Zucker
1 Päckchen Vanillezucker
50 g Frischkäse, 17 % Fett
50 g Magerquark
4 EL Kokosdrink
je ½ TL abgeriebene Bio-Limetten-,
Zitronen- und Orangenschale
Butter für die Becher

Außerdem

Puderzucker zum Bestäuben
2 rote Zuckerrosen
3 grüne Zuckerblätter

Zubereitung

1. Das Mehl mit der Käsekuchenhilfe und dem Backpulver mischen. Die Eier mit dem Zucker, dem Vanillezucker, dem Frischkäse und dem Quark verrühren. Den Kokosdrink und die Zitrusschale unterrühren. Das Mehl-Gemisch untermengen.

2. Die Becher mit Butter auspinseln. Den Teig einfüllen. In der Mikrowelle bei 900 Watt 5 Minuten zubereiten.

3. Die Mug Cakes mit Puderzucker bestäuben und mit Zuckerrosen und -blättern garnieren. Frisch verzehren.

Pecannuss-Birnen-Mug-Cakes

Zutaten für 2 Personen

2 kleine Birnen (à ca. 110 g)
40 g Butter
50 g Pecannüsse
35 g Mehl
1 gestrichener TL Backpulver
2 Eier (M)
50 g Zucker
1 Päckchen Vanillezucker
3 EL Milch
4 EL Lebkuchensirup
Butter für die Becher

Außerdem

6 Pecannüsse
Puderzucker zum Bestäuben

Zubereitung

1. Die Birnen abspülen, schälen und das Kerngehäuse unten keilförmig herausschneiden. In der Mikrowelle bei 900 Watt 2–3 Minuten vorgaren. Die Butter in der Mikrowelle bei 900 Watt 15 Sekunden schmelzen.

2. Die Pecannüsse in einem elektrischen Zerkleinerer fein mahlen, mit dem Mehl und dem Backpulver mischen. Die Eier mit dem Zucker und dem Vanillezucker schaumig schlagen. Die Milch und den Lebkuchensirup unterrühren. Das Mehl-Gemisch und die geschmolzene Butter untermengen.

3. Die Becher mit Butter auspinseln. Die Becher knapp ein Viertel mit Teig füllen. In der Mikrowelle bei 900 Watt 1 Minute zubereiten. Die Birnen hineingeben. Den übrigen Teig um die Birnen geben, die Birnen dabei eventuell etwas gerade rücken. Die Becher weitere 3 Minuten in die Mikrowelle bei gleicher Wattzahl stellen.

4. Die Mug Cakes mit Pecannüssen garnieren und leicht mit Puderzucker bestäuben. Frisch verzehren.

Kürbis-Mug-Cakes

Zutaten für 2 Personen

2 Lakritzschnecken
100 ml Milch
40 g fein geriebener Hokkaido-Kürbis (mit Schale)
30 g Butter
30 g Mehl
30 g feine Haferflocken
1 gehäufter TL Backpulver
2 Eier (M)
15 g Dattelsirup
50 g Zucker
1 TL abgeriebene Bio-Zitronenschale
Butter für die Becher

Außerdem

2 Lakritzschnecken
Halloween-Zuckerfiguren

Zubereitung

1. Die Lakritzschnecken abrollen und in Stücke schneiden, in die Milch geben und in der Mikrowelle bei 900 Watt 1 Minute erhitzen. Den Kürbis in der Mikrowelle bei gleicher Wattzahl ebenfalls 1 Minute garen. Die Butter bei gleicher Wattzahl 15 Sekunden schmelzen.

2. Das Mehl mit den Haferflocken und dem Backpulver mischen. Die Eier mit dem Dattelsirup, dem Zucker und der Zitronenschale schaumig schlagen. Die Lakritz-Milch durchsieben und nacheinander das Mehl-Gemisch und die Butter unterrühren.

3. Die Becher mit Butter auspinseln. Den Teig einfüllen. In der Mikrowelle bei 900 Watt 5 Minuten zubereiten.

4. Die Mug Cakes mit Lakritzschnecken und Zuckerfiguren garnieren. Frisch verzehren.

Schwarzwälder-Mug-Cakes mit Vanille-Eis

Zutaten für 2 Personen

40 g Butter
30 g Mehl
1 EL (15 g) Kakao zum Backen
1 gehäufter TL Backpulver
2 Eier (M)
50 g Zucker
4 EL Kirschwasser
4 EL Milch
50 g Amarenakirschen (abgetropft, aus dem Glas)
25 g Schokoraspel
Butter für die Becher

Außerdem

2 Kugeln Vanille-Eis
Zuckersternchen
1 TL Schokoraspel
nach Belieben 2 Amarenakirschen

Zubereitung

1. Die Butter in der Mikrowelle bei 900 Watt 15 Sekunden schmelzen.

2. Das Mehl mit dem Kakao und dem Backpulver mischen. Die Eier mit dem Zucker schaumig schlagen. Das Kirschwasser und die Milch, dann das Mehl-Gemisch und die geschmolzene Butter unterrühren. Die Amarenakirschen klein hacken und zusammen mit den Schokoraspeln untermengen.

3. Die Becher mit Butter auspinseln. Den Teig einfüllen. In der Mikrowelle bei 900 Watt 4 Minuten zubereiten. Etwas abkühlen lassen.

4. Je eine Eiskugel auf die Mug Cakes setzen. Mit Zuckersternchen und Schokoraspeln bestreuen. Nach Belieben mit Amarenakirschen garnieren.

Stollen-Mug-Cakes

Zutaten für 2 Personen

25 g Rosinen
2 EL Rum
50 g Butter
65 g Mehl
1 gehäufter TL Trockenbackhefe
1 gehäufter TL Backpulver
60 g Zucker
1 Päckchen Vanillezucker
1 Ei (M)
6 EL Mandeldrink
50 g Magerquark
20 g gehackte Mandeln
20 g Zitronat, gewürfelt
20 g Orangeat, gewürfelt
Butter für die Becher

Außerdem

Puderzucker zum Bestäuben
2 TL gewürfeltes Zitronat

Zubereitung

1. Die Rosinen grob hacken und mit dem Rum mischen.

2. Die Butter in der Mikrowelle bei 900 Watt 15 Sekunden schmelzen.

3. Das Mehl mit der Trockenbackhefe, dem Backpulver, dem Zucker und dem Vanillezucker mischen. Das Ei, den Mandeldrink, den Magerquark und die Butter untermengen. Die Rum-Rosinen, die Mandeln, das Zitronat und das Orangeat untermischen.

4. Die Becher mit Butter auspinseln. Den Teig hineingeben und an einem warmen Ort ca. 20 Minuten gehen lassen.

5. In der Mikrowelle bei 900 Watt 6 Minuten zubereiten. Die Mug Cakes mit Puderzucker bestäuben und mit Zitronat bestreuen. Frisch verzehren.

Marzipan-Mug-Cakes

Zutaten für 2 Personen

30 g Butter
25 g Mehl
40 g gemahlene Mandeln
1 gehäufter TL Backpulver
30 g Marzipanrohmasse
2 Eier (M)
30 g Zucker
4 EL Amaretto
4 EL Milch
Butter für die Becher

Außerdem

30 g Puderzucker
4 TL Orangensaft
Zuckerstreusel
6 Marzipankartoffeln
Puderzucker zum Bestäuben

Zubereitung

1. Die Butter in der Mikrowelle bei 900 Watt 15 Sekunden schmelzen.

2. Das Mehl mit den Mandeln und dem Backpulver mischen. Das Marzipan grob raspeln. Die Eier mit dem Marzipan und dem Zucker schaumig schlagen. Nacheinander den Amaretto, die Milch, das Mehl-Gemisch und die geschmolzene Butter untermengen.

3. Die Becher mit Butter ausfetten. Den Teig einfüllen. In der Mikrowelle bei 900 Watt 4 Minuten zubereiten.

4. Den Puderzucker mit dem Orangensaft zu einem Guss verrühren. Die Mug Cakes damit bepinseln. Mit Zuckerstreuseln bestreuen und mit Marzipankartoffeln garnieren. Mit Puderzucker bestäuben. Frisch verzehren.

Christmas-Caramel-Mug-Cakes

Zutaten für 2 Personen

30 g Butter
50 g braune Kuchen
40 g Walnüsse
1 gehäufter TL Backpulver
2 Eier (M)
60 g Karamell-Aufstrich
1 Päckchen Vanillezucker
1 TL Zimt
4 EL Milch
Butter für die Becher

Außerdem

50 g Puderzucker
4 TL Wasser
4 braune Kuchen
4 Schoko-Plätzchen
Puderzucker zum Bestäuben

Zubereitung

1. Die Butter in der Mikrowelle bei 900 Watt 15 Sekunden schmelzen.

2. Die braunen Kuchen zerbröckeln und mit den Walnüssen im elektrischen Zerkleinerer fein mahlen, dann mit dem Backpulver mischen. Die Eier mit dem Karamell-Aufstrich, dem Vanillezucker, dem Zimt und der Milch schaumig schlagen. Die Walnuss-Mischung und die geschmolzene Butter untermengen.

3. Die Becher mit Butter auspinseln. Den Teig einfüllen. In der Mikrowelle bei 900 Watt 4 Minuten zubereiten.

4. Den Puderzucker und das Wasser zu einem spritzfähigen Guss verrühren. In einen Spritzbeutel mit dünner Lochtülle füllen. Die braunen Kuchen einmal vorsichtig quer durchschneiden. Die Kanten mit Zuckerguss bespritzen und zu kleinen Lebkuchenhäuschen zusammensetzen. Die Schoko-Plätzchen mit dem Guss aufkleben. Die Mug Cakes und die Lebkuchen-Häuschen mit Puderzucker bestäuben. Die Lebkuchen-Häuschen auf die Mug Cakes setzen. Frisch verzehren.

Mug Cakes „Carbonara"

Zutaten für 2 Personen

40 g Spaghetti
Salz
1 Frühlingszwiebel
30 g Würfelschinken
4 Eier (M)
6 EL Milch
20 g Mehl
Pfeffer aus der Mühle
Butter für die Becher

Zubereitung

1. Die Spaghetti in reichlich Salzwasser nach Packungsanleitung al dente kochen.

2. Die Frühlingszwiebel putzen, abspülen und sehr fein schneiden. Den Würfelschinken in einer kleinen Pfanne fettfrei anbraten.

3. Die Eier mit der Milch und dem Mehl verquirlen. Mit etwas Salz und Pfeffer würzen. Die Frühlingszwiebeln und den Würfelschinken untermischen. Nochmals abschmecken.

4. Die Becher mit Butter auspinseln. Die Spaghetti, die Frühlingszwiebeln und den Würfelschinken im Wechsel hineingeben, dabei mit der Eier-Milch übergießen. In der Mikrowelle bei 900 Watt 3 Minuten zubereiten. Mit Pfeffer aus der Mühle bestreuen. Frisch verzehren.

Tipp

Statt mit frischen Nudeln können Sie für die Zubereitung der Mug Cakes auch einen Rest gekochter Nudeln (etwa 100 g) verwenden. Statt Spaghetti eignen sich auch Penne oder Spiralnudeln.

Mug Cakes „Leipziger Allerlei" – für Kinder

Zutaten für 2 Personen

50 g TK-Erbsen
4 Eier (M)
75 ml Milch
15 g Kartoffelpüreepulver
Salz
Pfeffer
1 Möhre (100 g)
30 g Butter
2 Pellkartoffeln vom Vortag (150 g)
50 g Cocktailwürstchen oder
kleine Kinderwürstchen
Butter für die Becher

Außerdem

Kresse zum Bestreuen
4 Cocktailwürstchen

Zubereitung

1. Die Erbsen mit heißem Wasser übergießen.

2. Die Eier mit der Milch und dem Kartoffelpüreepulver verrühren. Mit Salz und Pfeffer abschmecken. 10 Minuten quellen lassen.

3. Die Möhre putzen, schälen und sehr klein würfeln. In der Mikrowelle bei 900 Watt 2 Minuten garen. Die Butter bei gleicher Wattzahl 15 Sekunden schmelzen.

4. Die Kartoffeln pellen und fein reiben. Die Cocktailwürstchen in feine Scheiben schneiden.

5. Die Erbsen in einem Sieb gut abtropfen lassen. Die geriebenen Kartoffeln, die geschmolzene Butter, die Möhrenwürfel, die Erbsen und die Cocktailwürstchen unter die Eier-Masse rühren. Nochmals abschmecken.

6. Die Becher mit Butter auspinseln. Die Kartoffelmasse einfüllen. In der Mikrowelle bei 900 Watt 3 Minuten zubereiten. Die Mug Cakes mit Kresse bestreuen. Die Cocktailwürstchen auf Holzspießchen stecken und die Mug Cakes damit garnieren. Frisch verzehren.

Mug Cakes nach bayerischer Art

Zutaten für 2 Personen

50 g Laugenstange oder -brötchen
100 ml Milch
40 g Butter
100 g Spitzkohl
4 Eier (M)
Salz
Pfeffer
2 Weißwürste (ca. 120 g)
1 TL scharfer Meerrettich
Butter für die Becher

Außerdem

gehackte Petersilie zum Bestreuen
2 Salzbrezeln
Süßer Senf zum Servieren

Zubereitung

1. Das Laugengebäck klein würfeln und mit der Milch mischen.

2. Die Butter in der Mikrowelle bei 900 Watt 15 Sekunden schmelzen.

3. Den Spitzkohl putzen, abspülen und sehr fein schneiden. In der Mikrowelle bei 900 Watt 2 Minuten und 30 Sekunden garen.

4. Die Eier gut verquirlen. Die Laugenbrötchen, die Butter und den Spitzkohl untermengen. Mit Salz und Pfeffer abschmecken. Die Weißwürste häuten, in Scheiben schneiden und zusammen mit dem Meerrettich untermischen.

5. Die Becher mit Butter auspinseln. Die Spitzkohl-Masse einfüllen. In der Mikrowelle bei 900 Watt 3 Minuten zubereiten.

6. Die Mug Cakes mit Petersilie bestreuen und mit Salzbrezeln garnieren. Frisch verzehren. Süßen Senf extra dazu reichen.

Mug Cakes „Fisherman"

Zutaten für 2 Personen

30 g Mehl
1 gestrichener TL Backpulver
2 Eier (M)
80 g Crème fraîche
6 EL Milch
2 TL mittelscharfer Senf
Salz
Pfeffer
100 g geräuchertes Forellenfilet
4 Stiele Dill
Butter für die Becher

Außerdem

30 g Räucherlachs, in Scheiben
2 TL Forellenkaviar
Dill zum Garnieren

Zubereitung

1. Das Mehl mit dem Backpulver mischen. Die Eier, die Crème fraîche, die Milch und den Senf unterrühren. Mit Salz und Pfeffer würzen.

2. Das Forellenfilet klein hacken. Den Dill abbrausen, trockenschütteln und fein hacken. Die Forelle und den Dill unter den Teig mengen.

3. Die Becher mit Butter auspinseln. Den Teig einfüllen. In der Mikrowelle bei 900 Watt 3 Minuten zubereiten.

4. Die Mug Cakes mit Räucherlachs, Kaviar und Dill garnieren. Frisch verzehren.

Register